A IGREJA E O CRIACIONISMO

ADAUTO LOURENÇO

A IGREJA E O CRIACIONISMO

ADAUTO LOURENÇO

FIEL Editora

| L892i | Lourenço, Adauto
A Igreja e o criacionismo / Adauto Lourenço. – 2. reimpr. – São José dos Campos, SP : Fiel, 2018.

66 p.
ISBN 9788581320052

1. Criacionismo. 2. Religião e ciência. 3. Vida – Origem. I. Título. |

CDD: 231.7652

Catalogação na publicação: Mariana C. de Melo Pedrosa – CRB07/6477

A Igreja e o Criacionismo
Por Adauto J. B. Lourenço
Copyright © 2009 por Adauto J. B. Lourenço

■

Publicado em português por Editora Fiel
Copyright © 2011 Editora Fiel
Primeira Edição em Português: 2011

Todos os direitos em língua portuguesa reservados por Editora Fiel da Missão Evangélica Literária

Proibida a reprodução deste livro por quaisquer meios, sem a permissão escrita dos editores, salvo em breves citações, com indicação da fonte.

Diretor: Tiago J. Santos Filho
Editor: Tiago J. Santos Filho
Diagramação: Wirley Corrêa - Layout
Capa: Rubner Durais
ISBN: 978-85-8132-005-2

FIEL Editora

Caixa Postal 1601 | CEP 12230-971
São José dos Campos-SP
PABX.: (12) 3919-9999
www.editorafiel.com.br

SUMÁRIO

INTRODUÇÃO
.... PÁGINA 9

UMA SEPARAÇÃO SAUDÁVEL
.... PÁGINA 13

O CRIACIONISMO CIENTÍFICO
.... PÁGINA 21

O CRIACIONISMO RELIGIOSO
.... PÁGINA 39

O CRIACIONISMO BÍBLICO
.... PÁGINA 45

*Dedicado à minha filha Sarah Cristina,
que é um testemunho vivo do quanto Deus
atua no intelecto de alguém que se coloca nas Suas mãos.
Que a sua vida continue tocando a vida de muitos outros,
como o fez também com a minha.*

*E também a essa nova geração de pensadores
que tem se levantado pela bondosa graça
e misericórdia do grande Deus Criador.*

INTRODUÇÃO

Pensar claramente não é algo fácil, principalmente, quando vivemos num mundo de ideias pré-concebidas e raciocínios ilógicos ou incoerentes. A realidade é que isso faz parte da nossa natureza caída, a qual Cristo veio restaurar.

Portanto, desenvolver uma estrutura de pensamento coerente e consistente é um dever de todos quantos seguem ao Mestre, ao tornarem-se como os homens da tribo de Issacar, "... que sabiam como Israel deveria agir em qualquer circunstância..." (I Crônicas 12:32).

É também uma responsabilidade da Igreja, pois é propósito de Deus que por meio dela "... a multiforme sabedoria de Deus se torne conhecida..." (Efésios 3:10).

Pensar claramente com respeito as origens é compreender corretamente as diferenças entre o criacionismo científico, criacionismo bíblico e as demais propostas.

É nessa linha de pensamento que esse assunto é abordado aqui. Apresentamos aquilo que é indispensável para que possa ser estabelecida uma base correta de raciocínio sobre a questão das origens, tanto do ponto de vista da Ciência quanto das Escrituras Sagradas.

Adauto J. B. Lourenço
Limeira, 20 de Setembro de 2009

"... para que, pela igreja, a multiforme sabedoria de Deus se torne conhecida..."

Efésios 3:10

"Tu és digno, Senhor e Deus nosso, de receber a glória, a honra e o poder, porque todas as coisas tu criaste, sim, por causa da tua vontade vieram a existir e foram criadas."

Apocalipse 4:11

UMA SEPARAÇÃO SAUDÁVEL

"Pela fé entendemos que foi o universo formado pela palavra de Deus, de maneira que o visível veio a existir das coisas que não aparecem."
Hebreus 11:3

No mundo em que vivemos, cada área do conhecimento humano tem a sua função: na biologia estudamos a vida, na zoologia os animais, na paleontologia os fósseis, na astronomia os astros celestes, na cosmologia o universo, na datação radiométrica as idades das rochas, na teologia... Deus.

Assim, as áreas do conhecimento humano cobrem uma vasta quantidade de assuntos.

Em alguns casos elas estão diretamente relacionadas. Em outros não.

Saber fazer essa distinção é crucial, pois cada área possui os seus limites e limitações. Ao atravessá-los, alguém certamente chegará a conclusões totalmente equivocadas.

Esse princípio de distinção é bíblico.

Jesus, quando indagado sobre o pagamento de tributos a César, respondeu: "Dai, pois, a César o que é de César e a Deus o que é de Deus." (Mateus 22:21).

Com essa separação, Jesus não estava propondo dois estilos de vida ou mesmo dois padrões diferentes: um para César e um outro para Deus. Ele não estava propondo uma dualidade na maneira de viver, mas uma distinção saudável e bíblica. Vemos isso claramente em Mateus 17:27 quando Jesus pagou o imposto das duas dracmas.

Com esse exemplo, vemos que Jesus fazia distinção entre os princípios estabelecidos por Deus sobre a autoridade humana e sobre a autoridade divina.

O mesmo princípio de distinção ocorre em muitas outras áreas.

Voltemos ao texto de Hebreus 11:3. *"Pela fé entendemos que..."*

A primeira pergunta que necessita ser feita é: Pela fé entendemos o quê?

Existem duas possibilidades:

1. Que o universo foi formado (criação)
2. Que o universo foi formado pela palavra de Deus (modo de criação)

Pensemos sobre a primeira das duas possibilidades. Seria possível demonstrar cientificamente que processos naturais não teriam trazido a existência o universo? Se a resposta for "sim", então não seria pela fé, pois seria possível demonstrar.

Ficaria estabelecido cientificamente que o universo seria o resultado de uma criação e não de um processo de geração espontânea, seja ele o Big Bang ou um outro qualquer.

Voltemos agora para a segunda possibilidade... que o universo foi formado *pela palavra de Deus*.

Seria possível demonstrar cientificamente que o universo foi formado pela palavra de Deus? Com todas as técnicas e tecnologias disponíveis a resposta seria um enfático "não"! Essa proposta somente poderia ser aceita pela fé. Não há como comprová-la cientificamente.

Vejamos a distinção então.

Demonstrar que o universo não teria surgido espontaneamente, mas que ele teria sido criado, é cientificamente possível.

Demonstrar que ele teria vindo a existência por meio da palavra de Deus é cientificamente impossível.

Portanto, o texto de Hebreus 11:3 nos diz que pela fé nós entendemos *como* o universo foi criado, e não *se* ele foi criado.

A fé é necessária para a compreensão do *como* e não do *se*.

Colocando de forma prática.

Quando tratamos da origem do universo e nos referimos ao criacionismo, não estamos tratando de fé e religião, mas, sim, de ciência.

Todavia quando tratamos *da maneira como* Deus o criou, não estamos tratando mais de ciência e, sim, de fé.

A mesma forma de distinção necessita ser feita entre os sinais de Deus na natureza e o próprio Deus.

A natureza revela claramente uma criação. Ela demonstra conhecimento, sabedoria, planejamento, propósito, poder, glória e muitas outras características do Criador.

Mas somente pela natureza alguém chegaria ao conhecimento do Deus verdadeiro?

A resposta é não.

Um exemplo claro pode ser visto em Atos 17, quando o apóstolo Paulo se encontrava na cidade de Atenas.

Ali ele encontrou um altar "ao deus desconhecido". Paulo falou sobre esse "deus desconhecido" como o Deus que criou o universo, a humanidade e tudo o que existe.

Mas também ele deixou claro que todas essas coisas servem apenas como indicadores, *"para buscarem a Deus, se, porventura, tateando, o possam achar, bem que não está longe de cada um de nós..."* (Atos 17:27).

A distinção aqui é a seguinte: A natureza revela um Criador. Mas ela não revela "quem" especificamente é esse Criador. Se Ele não se revelasse, nós, seres humanos, jamais O conheceríamos. É importante lembrar aqui que isso não pode ser usado como desculpa pelo ser humano pela sua falta de conhecimento de Deus.

O apóstolo Paulo esclarece e desenvolve essa ideia no primeiro capítulo de Romanos.

> *"Porque os atributos invisíveis de Deus, assim o seu eterno poder, como também a sua própria divindade, claramente se reconhecem, desde o princípio do mundo, sendo percebidos por meio das coisas que foram criadas. Tais homens são, por isso, indesculpáveis, porquanto, tendo conhecimento de Deus, não o glorificaram como Deus nem lhe deram graças; antes, se tornaram nulos em seus próprios raciocínios, obscurecendo-lhes o coração insensato. Inculcando-se por sábios, tornaram-se loucos e mudaram a glória do Deus incorruptível em semelhança da imagem de homem corruptítel, bem como de aves, quadrúpedes e répteis.".*
>
> Romanos 1:20-23

Paulo nos diz que é possível ter um conhecimento básico da existência de Deus, por meio das *coisas que foram criadas*.

O argumento é muito forte, pois a palavra grega que ele usou e que foi traduzida por "*coisas criadas*" é a palavra poihvma , *poiema*. Ou seja, a natureza é o "poema" de Deus para que todos os seres humanos tenham a percepção da existência do Deus Criador.

Obviamente, pela situação de criaturas caídas – com pensamentos fúteis e um coração insensato e obscurecido – mudar o objeto de adoração, o Criador para aquilo que foi criado, tornou-se a regra e não a exceção.

Nessa situação de queda, o homem adora a criação e não o Criador, embora intelectualmente e cientificamente ele reconhece a possibilidade de criação da vida e do universo.

Precisamos, então, distinguir o papel da Ciência no que diz respeito ao conhecimento de Deus. Qual a sua função nesse conhecimento?

Como já vimos, é possível distinguir o que pode ser

aceito por meio da comprovação científica e o que pode ser aceito pela fé.

Assim, a função da Ciência ao estudar a natureza é apontar o homem para o seu Criador.

Como ela deve cumprir essa função? Por meio de argumentos religiosos?

A resposta é não. Ela cumpre a sua função ao descobrir as leis e os processos naturais que regem o universo e a vida, demonstrando que ambos jamais teriam vindo a existência por meio dessas leis e processos. Em outras palavras, demonstrando que o universo e a vida foram criados.

Talvez pela Ciência o ser humano jamais chegará ao conhecimento de QUEM criou todas essas coisas. Mas isso não significa que ele não pode chegar ao conhecimento científico de que tudo *foi criado*.

Colocando em outras palavras, aceitar que existe um Criador é científico. Aceitar quem é o Criador é religioso.

A Ciência demonstra que todas as coisas foram criadas. Mas o cristianismo revela quem é o Criador.

O CRIACIONISMO CIENTÍFICO

> *"Pelo contrário, a inferência de planejamento é uma indução puramente a posteriori baseada numa aplicação inexoravelmente consistente da lógica e da analogia. A conclusão pode ter implicações religiosas, mas não depende de pressuposições religiosas."*
>
> Michael Denton, Biólogo Molecular

O termo criacionismo tem uma conotação muito vasta, por isso a necessidade da terminologia: criacionismo científico, criacionismo religioso e criacionismo bíblico.

O criacionismo científico oferece uma posição científica sustentável sobre uma origem não natural da vida e do universo.

Ele não é uma proposta religiosa, pois não trabalha com argumentos religiosos de criação, mas em evidências científicas de criação.

Precisamos deixar claro que não é função da Ciência tentar provar como o universo e a vida teriam vindo a existência espontaneamente, mas sim como o universo e a vida vieram a existência. Espontaneamente pode ser uma das opções, mas não é a única.

A confusão maior sobre as propostas do criacionismo científico e as demais propostas relacionadas à origem da vida e do universo encontra-se no uso da terminologia.

As Leis da Natureza

Tanto os aspectos estruturais quanto a funcionalidade da natureza dependem das leis que regem a natureza. O movimento dos corpos celestes – planetas, luas, estrelas, galáxias, grupos de galáxias, etc. – é regido por leis. As formas e as estruturas desses corpos celestes também são regidas por leis.

Podemos afirmar que a natureza é o que é, e faz o que faz, devido às leis que a regem.

Observamos que massa atrai massa e que corpos

com cargas elétricas de mesmo sinal se repelem e de sinal oposto se atraem.

A Ciência tem descoberto que a natureza tem uma maneira específica de funcionamento. E esse funcionamento é regido por leis precisas e bem estabelecidas.

Ao examinarmos essa questão um pouco mais a fundo, descobriremos algo fascinante.

- A Ciência sabe que toda a natureza é constituida apenas por matéria (partículas) e energia. Isso é um fato científico.
- A Ciência também sabe que matéria e energia obedecem as leis da natureza. Isso também é um fato científico.
- A Ciência ainda sabe que matéria e energia não criam as leis da natureza, apenas as obedecem. Isso também é um fato científico.
- A Ciência sabe, portanto, que as leis da natureza não foram criadas pela natureza. Em outras palavras, as leis da natureza têm uma origem sobrenatural e não natural.

O fato de sabermos que as leis da natureza não

possuem uma origem natural, não as torna em leis religiosas ou que possam ser aceitas apenas pela fé. As leis são científicas! A origem delas não! Embora uma origem sobrenatural seja também uma possibilidade científica.

Se a Ciência puder provar que processos e leis naturais não teriam trazido à existência a vida e o universo, ela provaria que tanto a vida quanto o universo teriam sido criados. Eles teriam vindo à existência sobrenaturalmente.

Isso seria algo perfeitamente científico, pois a Ciência busca pela verdade.

Vida Gera Vida

Uma das experiências mais importantes da história moderna sobre a vida e a sua origem foi realizada pelo microbiólogo e químico francês Louis Pasteur, em 1864.

Pouco tem sido mencionado sobre Pasteur ser um cristão e um estudioso das Escrituras. Contudo, ele tornou-se conhecido por ter criado a primeira vacina e ser também o autor do processo conhecido por pasteurização.

Mas foi a sua experiência demonstrando que bactérias (organismos unicelulares) não surgem através da geração espontânea de matéria orgânica pré-existente, a sua maior contribuição no campo da biogênesis (origem da vida): organismos não surgem espontaneamente na natureza independente de serem do presente ou do passado.

Pasteur deixou claro que existe apenas uma única resposta para a origem da vida: criação. Um processo empírico, e não religioso, foi utilizado para estabelecer a Lei da Biogênesis.

A Capacidade de Variação das Formas de Vida

As formas de vida possuem informação genética que nem sempre é expressa. A essa informação é dado o nome de reserva genética.

Os criacionistas propõem que reservas genéticas

explicam toda a capacidade de variação observada nas formas de vida.

É importante notar que a capacidade de variação observada nas formas de vida é limitada.

Pelas leis da hereditariedade genética, somente material genético já existente é repassado para as futuras gerações. Novo material genético não é formado, apenas novas combinações são formadas.

Portanto, os descendentes podem ter algumas características que não haviam sido manifestas nos seus antepassados. Mas eles não poderiam ter características que não estivessem previamente codificadas no material genético dos seus antepassados.

A Capacidade de Adaptação das Formas de Vida

Os criacionistas aceitam e pesquisam a capacidade de adaptação das formas de vida.

Capacidade de adaptação tem sido associada erroneamente como sinônimo de evolução. Por isso, quando adaptações são observadas, imediatamente pessoas as associam como provas da evolução.

Os criacionistas propõem que a capacidade de adaptação está relacionada com as reservas genéticas provenientes da complexidade inicial das formas de vida, por terem sido criadas. Portanto, deve existir informação genética codificada, armazenada nos DNAs das formas de vida que não é utilizada até que a necessidade exija. Quando as alterações ambientais exigirem algo que vá além dessas reservas genéticas ocorrerá o fenômeno conhecido por extinção.

Já os evolucionistas dizem que essas capacidades surgiram ao longo do tempo, por meio de pequenas variações na informação genética de cada organismo. Evolucionistas creem que com o passar do tempo, características totalmente diferentes daquelas existentes nos antepassados teriam surgido espontaneamente, sendo escolhidas pela seleção natural, devido às necessidades de adaptação experimentadas.

Nesse caso, teria ocorrido a formação de nova informação genética ao longo do tempo, a qual não teria sido parte da reserva genética existente nos antepassados originais.

A Ciência sabe como informação genética pode ser perdida, mas até o presente, não existe uma única experiência que demonstre como nova informação genética poderia surgir espontaneamente.

Colocando de forma simples, pelas leis e evidências conhecidas, peixes sempre foram peixes, anfíbios sempre foram anfíbios, répteis sempre foram répteis, mamíferos sempre foram mamíferos e aves sempre foram aves.

A Informação Genética das Formas de Vida

Não existe na natureza nenhuma fonte de informação codificada conhecida pela Ciência que supere a encontrada no DNA dos seres vivos.

São centenas de milhões (ou bilhões) de letras genéticas (dependendo do DNA do organismo avaliado), perfeitamente sequenciadas. Todas as estruturas e funções dos organismos vivos encontram-se codificadas na informação guardada no DNA.

Essa informação é a base da vida.

Vida sem informação codificada não existe!

Portanto, a origem da vida está ligada diretamente à origem da informação codificada encontrada no DNA.

Antes de responder como a informação foi codificada no DNA, a Ciência precisa responder qual a origem da informação codificada.

Ou seja, processos naturais produzem informação codificada?

A resposta novamente é não!

Informação não é uma característica da matéria e nem tão pouco é produzida por processos naturais. Ela é característica de atividade mental e não de processos puramente naturais.

O que a Ciência tem descoberto é que, com o passar do tempo, qualquer tipo de informação tende a se desorganizar e não a se organizar. Informação também está sujeita a uma forma de entropia (capacidade natural de auto-desorganização).

Se as formas de vida apresentam organização na informação encontrada no DNA, não é porque ela esteja num constante processo de aprimoramento e ampliação, mas sim porque no passado ela já foi muito mais organizada e estruturada do que é hoje.

Essa é uma conclusão científica. A origem da informação genética codificada só pode ser explicada por meio da criação.

A Origem do Universo

No universo existe um número de estrelas maior do que o número de todos os grãos de areia de todas as praias e de todos os desertos do planeta Terra.

O Sol, por exemplo, é uma estrela de quinta grandeza. Ele possui um diâmetro de 1.390.000 km. Sua massa é de 2×10^{30} kg. Ele transforma 4 milhões de toneladas de matéria em energia por segundo!

Só esses números deixam qualquer pesquisador completamente perplexo.

Infelizmente, poucos conseguem ver a dificuldade

enfrentada pelas teorias que propõem uma origem natural e espontânea do universo.

A teoria do Big Bang, por exemplo, se encontra nesse empasse. Segundo essa teoria, o universo teria vindo a existência por meio de "leis físicas estranhas e desconhecidas".

Mas essa é justamente a definição científica para *milagre*: a atuação de leis físicas estranhas e desconhecidas.

Alguns alegam que um dia essas leis serão descobertas e então o Big Bang deixará de ser uma teoria. Mas enquanto isso não acontecer, a teoria continuará necessitando de um milagre para que um Big Bang seja a causa da existência do universo.

O universo só é o que é pelas leis que o regem. E essas leis não foram criadas pela natureza!

O Princípio Antrópico

O princípio antrópico é um princípio da física e da cosmologia. Ele afirma que todas as teorias que tratam da origem do universo precisam levar em consideração que existe vida no planeta Terra, mais especificamente, vida inteligente como o Homo sapiens.

Nas palavras de Stephen Hawking, "Vemos o universo da maneira como ele é porque, se fosse diferente, não estaríamos aqui para vê-lo."

Esse princípio está baseado num grande número de chamadas "coincidências", as quais contribuem harmoniosamente para que vida inteligente exista no universo.

Como o número de coincidências é muito grande (pelo menos 26 constantes físicas fundamentais não dimensionais), a probabilidade de que todas elas tenham surgido e permanecido até o presente por um simples acaso é extremamente pequena.

A existência de um universo muito bem afinado, fortalece ainda mais a proposta de uma criação por meio de um *design* inteligente.

A Origem do Ser Humano

Embora a teoria da evolução continue propondo uma ancestralidade comum entre seres humanos e chimpanzés, a Ciência sabe que os seres humanos vieram de outros seres humanos, que por sua vez vieram de outros seres humanos e assim por diante.

Não existe uma única evidência que sirva de base para a proposta que seres humanos e chimpanzés compartilharam no passado de um ancestral comum.

Estudos com o DNA mitocondrial mostram que todos os seres humanos vieram de uma única e mesma mulher, a chamada "Eva mitocondrial", mãe de todos nós. Ela não foi um hominídeo, mas uma mulher como as mulheres de hoje.

Todos os sistemas relacionados ao corpo humano demonstram terem sido criados. Não são coisas complexas que biologicamente dão a impressão de terem sido planejadas. Todos eles foram planejados.

O Criacionismo na História

As duas propostas, criação e geração espontânea (criacionismo e naturalismo), já estavam presentes na Grécia, há 4.600 anos.

Tales de Mileto (621-543 a.C.) propôs que o mundo teria evoluido da água por meio de processos naturais.

Empédocles de Agrigento (492-430 a.C.) propôs que sobrevive o que estiver melhor capacitado.

Ambos eram naturalistas.

Platão (427-347 a.C.) propôs que as leis da natureza demonstram uma criação racional.

Aristóteles (384-322 a.C.) embora crendo na geração espontânea de vespas e carrapatos, propôs que o universo foi criado segundo um plano racional.

Ambos eram criacionistas.

Francis Bacon (1561-1626 A.D.) desenvolveu o método científico. Ele dizia que preferiria crer em todas as lendas do que aceitar que a natureza não tivesse sido o produto de uma mente.

Johannes Kepler (1571-1630 A.D.) afirmava "...o Criador que trouxe a existência todas as coisas do nada."

Sir Isaac Newton (1643-1727 A.D.) disse: "Deus criou todas as coisas por número, peso e medida".

Leonhard Euler (1707-1783 A.D.) disse: "Sendo que a estrutura do universo é a mais perfeita e a obra de um sábio Criador, nada acontece no universo sem que uma regra de um máximo ou de um mínimo apareça."

James Prescott Joule (1818-1889 A.D.) disse: "O próximo passo após o conhecimento e a obediência à vontade de Deus, deve ser conhecer algo sobre os seus atributos de sabedoria, poder e bondade manifestos nas obras das Suas mãos."

Werner von Braun (1912-1977 A.D.) disse: "Ao contemplar os vastos mistérios do universo, temos apenas a confirmação da nossa fé na certeza do Criador. Acho difícil compreender um cientista que não reconheça a presença de uma racionalidade superior por trás da existência do universo, tanto quanto seria difícil compreender um teólogo que negasse os fatos da ciências."

O Criacionismo Científico e o Criacionismo Religioso

As críticas relacionadas ao criacionismo, principalmente encontradas na mídia, são dirigidas ao criacionismo religioso e não ao criacionismo científico.

O mesmo ocorre com as publicações encontradas nas instituições de ensino.

Geralmente, essas críticas dizem que o criacionismo é uma teoria que tenta provar que Deus criou o mundo segundo o relato bíblico ou que os criacionistas estão querendo trazer Deus para as salas de aula.

Mas qualquer crítica que não saiba distinguir entre o Criacionismo Científico e o Criacionismo Religioso, estará sempre desprovida de embasamento.

O Criacionismo Científico não trabalha com argumentos religiosos, embora possa ter implicações religiosas. Ele está baseado nas evidências, nas leis, na lógica e nos testes científicos.

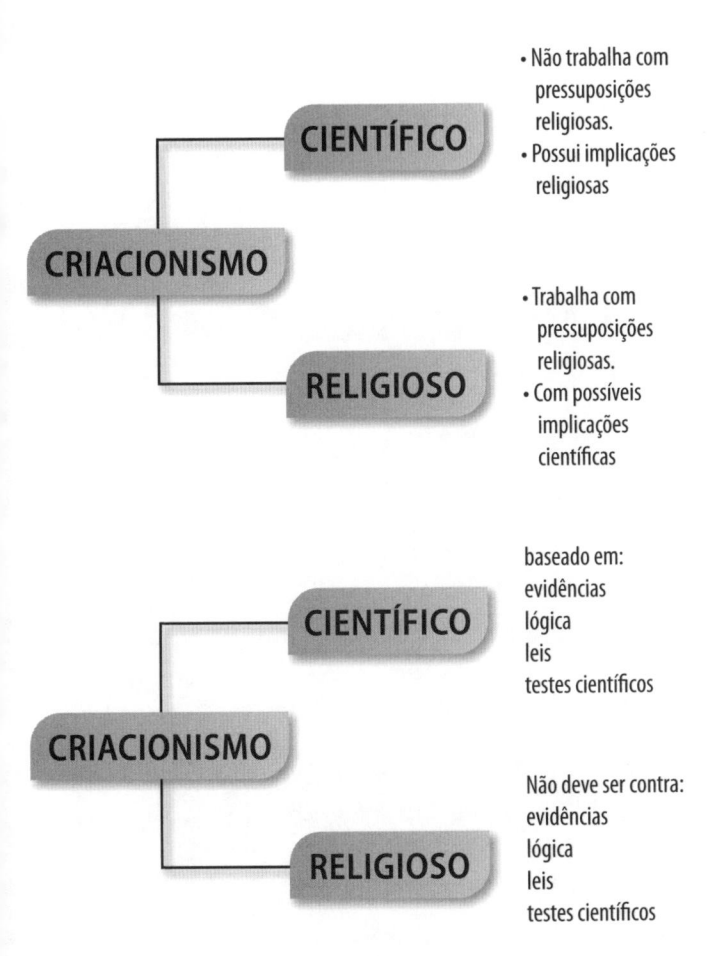

O Criacionismo Científico

CRIACIONISMO
- **CIENTÍFICO**
  - Não trabalha com pressuposições religiosas.
  - Possui implicações religiosas
- **RELIGIOSO**
  - Trabalha com pressuposições religiosas.
  - Com possíveis implicações científicas

CRIACIONISMO
- **CIENTÍFICO**
  baseado em:
  evidências
  lógica
  leis
  testes científicos
- **RELIGIOSO**
  Não deve ser contra:
  evidências
  lógica
  leis
  testes científicos

O CRIACIONISMO RELIGIOSO

"É quase como se o cérebro humano tivesse sido especificamente concebido para não entender o darwinismo, para achá-lo inacreditável."

Richard Dawkins, Zoólogo

Na capa do livro *O Relojoeiro Cego* de Richard Dawkins, aparece a frase: "A teoria da evolução contra o *design* divino." A literatura produzida por Dawkins – *O Relojoeiro Cego*, *Deus - um delírio*, e outros – procura mostrar o quão absurdo é aceitar a ideia de que coisas poderiam ter sido criadas, principalmente por alguma forma de divindade.

Mas contrária a percepção de Dawkins, as muitas culturas existentes no planeta aceitam a existência de uma força suprema ou de uma ou mais entidades superiores que teriam trazido à existência todas as coisas.

Essas crenças exibem alguma forma de criacionismo, quer seja em forma folclórica, mitológica ou religiosa.

Essas formas de criacionismo não podem ser confundidas com o criacionismo científico. Elas não são científicas, pois, geralmente, não possuem propostas testáveis cientificamente.

Isso não significa que todas as propostas associadas a algum tipo de criacionismo religioso estão erradas. O que precisa ser entendido é que toda forma de criacionismo religioso trabalha com pressuposições religiosas, podendo ter implicações científicas.

Portanto, o desafio continua o mesmo, ou seja, saber distinguir.

O Movimento Criacionista e a Religião

Muitos criacionistas, ao longo da história, têm procurado usar a Ciência como uma forma de provar a veracidade tanto das ideias quanto dos escritos religiosos em que creem.

Outros são puramente contra qualquer forma de naturalismo, procurando mostrar que teorias que tratem do surgimento espontâneo da vida ou do universo, são falsas.

Dos muitos criacionismos ligados a religião destacam-se principalmente o criacionismo cristão, o judeu, o islâmico e o hinduista.

O menos conhecido dos quatro é o criacionismo hinduista. A Sociedade Internacional de Concientização Krishna (movimento Hare Krishna) ativamente opõe-se ao darwinismo e à teoria da síntese evolutiva moderna. Outros grupos dentro do hinduismo acham em seus escritos sagrados indicações de evolução.

O criacionismo islâmico e o criacionismo judeu atuais, compartilham de um posicionamento semelhante. Segundo eles, não existe uma contradição direta entre os escritos sagrados e a maioria das propostas evolucionistas.

O mais conhecido dentro da cultura ocidental é o criacionismo cristão, em suas muitas formas: Criacionismo da Terra Jovem, Criacionismo da Terra Antiga, Geocentrismo Moderno, Criacionismo Dia-Era, Criacionismo Progressivo, dentre outros.

Design Inteligente, Criacionismo e Religião

A teoria do *Design* Inteligente tem sido erroneamente considerada uma forma de criacionismo religioso. Ela é uma teoria científica com conseqüências empíricas e desprovida de qualquer compromisso religioso. Ela se propõe a detectar empiricamente se o *design* observado na natureza é genuíno ou um produto das leis naturais, necessidades e do acaso.

Evolução, Criacionismo e Religião

Existem vários movimentos tentando reconciliar propostas evolucionistas, criacionistas e religiosas.

O nome da proposta desses movimentos é Evolucionismo Teísta.

Em resumo, a causa inicial da origem de todas as coisas teria sido uma força suprema ou uma divindade. Mas a evolução teria sido o processo pelo qual todas as coisas teriam chegado a ser o que são hoje.

A Igreja Católica Romana, por exemplo, apóia a

proposta do evolucionismo teísta. Segundo ela, Deus teria iniciado o processo de criação por meio de um ato criador e teria, também, estabelecido as "leis" que teriam regido todo o processo evolutivo.

Religião e Ciência

Muitos têm dito que a Ciência é contra a Religião.
Outros têm dito que Ciência e Religião não se misturam.

Quanto ao primeiro, a Ciência deve ser contra a ignorância e não contra a Religião propriamente dita.

E quanto ao segundo... depende de qual proposta científica e de qual religião.

James Prescott Joule, conhecido físico cristão inglês, disse:

"O próximo passo após o conhecimento e a obediência à vontade de Deus, deve ser conhecer algo sobre os Seus atributos de sabedoria, poder e bondade manifestos nas obras das Suas mãos."

O CRIACIONISMO BÍBLICO

Toda Ciência devidamente estabelecida
e toda Escritura corretamente interpretada
nunca entrarão em contradição

A afirmação acima é fundamental. O princípio de distinção, quando aplicado, revela a veracidade dessa afirmação.

A Bíblia não foi escrita com o propósito de ensinar ciência, mas ela não pode estar cientificamente incorreta em nenhuma das suas afirmações científicas. Se isso ocorresse, as suas afirmações teológicas estariam comprometidas.

No entanto, suas afirmações científicas são testáveis e compatíveis com as descobertas científicas.

A Bíblia e a Ciência

A Bíblia está repleta de afirmações científicas. Nela encontramos constantes matemáticas como o número π, que quando calculado a partir da informação bíblica (I Reis 7:23-26) obtem-se o valor de 3,14. Os gregos, pouco tempo depois haviam calculado o valor de π como sendo aproximadamente 22/7 (3,14).

Em Jó 26:7 encontramos as seguintes afirmações científicas: "Ele [Deus] estende o norte sobre o vazio e faz a Terra pairar sobre o nada." Essas afirmações foram feitas há mais que 4.000 anos.

Na década de 60 o planeta Terra foi fotografato do espaço por um satélite artificial, comprovando empiricamente o que também havia sido proposto por Isaac Newton: a Terra paira sobre o nada.

No livro de Eclesiastes 3:14, Salomão escreveu: "Sei que tudo quanto Deus faz durará eternamente, nada se lhe pode acrescentar e nada lhe tirar..." Isso foi escrito há 3.000 anos.

Antoine-Laurent Lavoisier, o pai da química moderna, há mais de 200 anos escreveu: "na natureza nada se perde nada se cria, tudo se transforma".

Na carta aos Hebreus 11:3 lemos: "Pela fé, entendemos que foi o universo formado pela palavra de Deus, de maneira que o visível veio a existir das coisas que não aparecem" (JFARA) ou na versão NVI "...o que se vê não foi feito do que é visível".

A Ciência do Século XXI sabe que toda a matéria visível é feita de partículas invisíveis.

Em Gênesis 15:20, Deus menciona a terra dos heteus para Abraão.

O arqueólogo Henry Sayce afirmou em 1880 que os heteus do Antigo Testamento eram o mesmo povo que deixou registros arqueológicos na Ásia Menor. A comunidade acadêmica da época o chamou de "o inventor dos hititas".

Em 1884 William Wright descobriu um monumento em Boazköy, feito pelo "povo de Hattusas", conhecida hoje como a antiga capital do império hitita.

A Bíblia e a Existência de Deus

A Bíblia não tenta provar a existência de Deus. Ao contrário, ela está totalmente baseada na pessoa do Deus que nela se revela. Em última análise, a Bíblia é um livro que informa ao ser humano os pensamentos, palavras e obras do Deus Criador que se revela por meio dela.

A Bíblia e o Deus da Criação

A criação, segundo o relato bíblico, é uma sequência de atos sobrenaturais num curto intervalo de tempo, durante o qual, do nada (*ex nihilo*), toda a natureza foi trazida à existência por meio da intervenção divina (Salmo 8:3-8).

- Pelo fato de Deus ser sábio (I Coríntios 1:25), todas as obras das suas mãos demonstram sinais de extrema sabedoria, especialmente os seres vivos, devido a complexidade de cada um deles (Salmo 104:24). Isto explica o *design* inteligente encontrado na natureza pela biologia.

- Pelo fato de Deus possuir glória e majestade (Salmo 96:6), o universo reflete essa glória e magestade (Salmo 8:1; Salmo 19:1). Isto explica a enorme beleza encontrada no universo pela astronomia.
- Pelo fato de Deus possuir força e poder (Isaías 40:25-26), todo o universo reflete uma sustentabilidade inigualável (Hebreus 1:3). Isto explica a enorme estabilidade dos processos complexos e poderosos de troca e produção de energia encontrados pela física, astrofísica, química e biologia, na natureza.

Muitos outros exemplos poderiam ser usados para demonstrar a compatibilidade da descrição do Deus Criador e da sua obra criadora, revelados nas páginas da Bíblia, com as descobertas científicas relacionadas com a natureza.

A Bíblia e a Criação

Embora o relato bíblico não tenha sido escrito com o propósito de ser testado empiricamente pela Ciência, suas afirmações podem ser avaliadas por meio da observação científica.

- A Bíblia é o único livro conhecido até o presente momento, que afirmou a 3.000 anos atrás que o planeta Terra, no seu início, possuia um único continente. "Disse também Deus: Ajuntem-se as águas debaixo dos céus num só lugar, e apareça a porção seca. E assim se fez. À porção seca chamou Deus Terra (a Ciência chamou de Pangéia) e ao ajuntamento das águas, Mares (a Ciência chamou de Pantalassa). E viu Deus que isso era bom." (Gênesis 1:9-10). Alfred Wegener, em 1920, propos a teoria da Pangéia, hoje aceita e pesquisada pela Ciência.
- A Bíblia afirma que todos os seres humanos são descendentes de uma única e mesma mulher. "E deu o homem o nome de Eva a sua mulher, por ser a mãe de todos os seres humanos." (Gênesis 3:20). Em 1987, a Dra. Rebeca L. Cann publicou o resultado das suas pesquisas com o DNA mitocondrial, demonstrando que todos os seres humanos vieram de uma única e mesma mulher.

- A Bíblia descreve a criação da mulher da seguinte forma: "Então, o SENHOR Deus fez cair pesado sono sobre o homem, e este adormeceu (anestesia geral); tomou uma das suas costelas (medula óssea vermelha e células tronco) e fechou o lugar com carne (cirurgia plástica). E a costela que o SENHOR Deus tomara ao homem, transformou-a numa mulher e lha trouxe (engenharia genética e clonagem humana)." (Gênesis 2:21-22).

A arqueologia descobriu que o ópio já era utilizado pelos povos da Suméria como anestésico. Uma descoberta científica do Século XIX que se tornou parte do procedimento cirúrgico moderno, foi a anestesia geral. Ele visa diminuir a dor.

No início do Século XX a Ciência começou os estudos com as células tronco. Células tronco são células com o potencial de gerar órgãos como os existentes no doador. A pesquisa atual sobre a produção de material orgânico humano (órgãos) a partir de células tronco, baseia-se na obtenção das mesmas. Elas são encontradas inclusive na medula óssea vermelha de seres humanos adultos.

O primeiro transplante de um órgão desenvolvido a partir de células tronco foi realizado pelo Dr. Paolo Macchiarini, no Hospital Clínico de Barcelona, na Itália, em 2008.

A Ciência moderna descobriu a possibilidade de desenvolvimento de toda a estrutura orgânica humana a partir das células tronco encontradas na medula óssea (como na costela humana).

Estes poucos exemplos demonstram que o relato bíblico não é anti-científico. Ao contrário, ele possui partes testáveis que são corroboradas pela Ciência.

Tanto na narrativa da criação do livro de Gênesis, quanto, por exemplo, na proposta do aparecimento do universo através da teoria do Big Bang, existem elementos que não são testáveis. Esses elementos são apenas aceitos pela crença de que eles teriam ocorrido.

Por exemplo, segundo os que apóiam a teoria do Big Bang, o universo teria vindo a existência por meio de "leis física estranhas e desconhecidas" (Stephen Hawking, *O Universo Numa Casca de Noz*, Editora Mandarim, p. 78). Leis físicas estranhas e desconhecidas é o que chamamos de milagres. A Ciência desconhece a existência dessas leis (daí o fato de serem leis físicas estranhas e desconhecidas). Através das leis conhecidas pela Ciência, o universo não teria vindo à existência através de um Big Bang. A Ciência não sabe se essas leis físicas estranhas e desconhecidas serão descobertas. Aceitar que elas serão descobertas, também exige fé.

A Cronologia de Gênesis

Tanto a data da criação quanto a longevidade dos primeiros seres humanos têm sido questionadas e muitas vezes tratadas por muitos como sendo mitológicas.

Segundo o relato bíblico, a criação teria ocorrido aproximadamente 6.000 anos atrás.

Para uma sociedade sedimentada no raciocínio naturalista de bilhões de anos, tal proposta é no mínimo ridícula.

No entanto, estudos feitos pelo Dr. J. R. Baumgardner (Los Alamos National Laboratory), demonstra que rochas que foram datadas com centenas de milhões de anos, ainda possuem carbono-14 residual. Assumindo que os índices atuais de carbono-14 eram os mesmos quando essas rochas se formaram, elas não poderiam ter mais que 60.000 anos. A Ciência sabe que os índices de carbono-14 no passado foram muito menores que os atuais. Isto significa que essas rochas são ainda muito mais recentes.

O gás hélio existente na atmosfera da Terra é proveniente do processo de desintegração do elemento químico radioativo urânio dentro dos cristais de zircônio. Pela quantidade de hélio existente na atmosfera, pela quantidade de hélio ainda encontrada nos cristais de zircônio e pela taxa de difusão (quantidade de hélio medida que escapa dos cristais de zircônio durante um período de tempo) avaliada pela metodologia científica, esse processo não pode estar ocorrendo a mais que 6.000 anos. Este estudo foi realizado por Dr. R. Humphreys, Dr. S. A. Austin, Dr. A. A. Snelling, Dr. J. R. Baumgardner (Los Alamos National Laboratory) e Dr. R. V. Gentry (Oak Ridge National Laboratory).

Devido às poucas diferenças encontradas no DNA mitocondrial humano é possível calcular o tempo necessário para que essas variações se estabilizassem. Baseados nesse fato, os doutores Lawrence Loewe e Siegfried Scherer calcularam que a Eva mitocondrial (a mãe de todos os seres humanos) teria vivido entre 6.000 e 6.500 anos atrás (a publicação saiu na *Trends in Ecology and Evolution*).

Na década de 80, a Dra. Elizabeth Blackburn descobriu a telomeraze, uma enzima que produz o alongamento dos telômeros. Os telômeros são partes do DNA que aparecem repetidos no final dos cromossomos. A finalidade deles é proteger a informação genética armazenada. Eles também fixam o número de divisões celulares, sendo ainda os responsáveis pelo processo de envelhecimento celular, estabelecendo assim um limite para a longevidade do organismo. O material genético humano atual, se comparado ao material genético do período da criação, apresentaria sinais de degeneração, especialmente no tamanho dos telômeros. Telômeros maiores indicam uma longevidade maior. Os atuais são pequenos.

A Cronologia e a Luz Proveniente das Estrelas

O argumento mais utilizado contra um universo com milhares de anos de existência, encontra-se no tempo que a luz teria demorado para chegar até o planeta Terra.

O raciocínio seria o seguinte: uma galáxia que estivesse a um bilhão de anos-luz, teoricamente, a luz teria demorado um bilhão de anos para percorrer toda essa distância.

Embora sendo lógico, esse raciocínio apresenta falhas quando confrontado com a evidência científica.

Uma galáxia que estivesse a bilhões de anos-luz de distância, deveria parecer muito mais "jovem" do que uma outra galáxia que estive a milhões de anos-luz de distância. Pois, segundo o raciocínio proposto, a luz da primeira galáxia teria partido a bilhões de anos atrás. Já a luz da segunda, teria partido a milhões de anos atrás. Portanto, devido o tempo que a luz teria demorado para chegar até aqui, estariamos vendo galáxias em diferentes períodos das suas existências: a primeira, logo no início; a segunda, bilhões de anos depois. A primeira deveria ter a aparência de "jovem" e a segunda de "madura".

Esta diferença de idade deveria ser vista nos vários aspectos físicos das galáxias.

No entanto essa diferença não é observada. Galáxias distantes estão tão bem estruturadas como as galáxias bem próximas.

O que isso significa?

Nas palavras do Dr. George F. R. Ellis, físico e matemático, publicadas no Quarterly Journal of the Royal Astronomical Society, em 1975: "...um Deus benevolente poderia, com facilidade organizar a criação do universo... de tal maneira que radiação suficiente pudesse viajar em nossa direção, das extremidades do universo, para nos dar a ilusão de um universo imenso, muito antigo e em expansão. Seria impossível para qualquer outro cientista na Terra refutar esta visão do universo de forma experimental ou mesmo observacional. Tudo o que ele poderia fazer é discordar da premissa cosmológica do autor".

Os Dias de Gênesis

Literais ou não?

A palavra hebraica יוֹם (*yôm*), traduzida por "dia", no capítulo 1 de Gênesis, pode significar: (1) um período de luz (ciclo dia/noite); (2) um período de 24 horas; (3) um conceito geral de tempo; (4) um período específico de tempo; e (5) um período de um ano.

No entanto, quando ela ocorre simultaneamente com as palavras ou a expressão "tarde e manhã", o significado é de um dia de 24 horas (por exemplo, Números 9:15; Deuteronômio 16:4; e Daniel 8:14,26).

A regra número um da hermenêutica (interpretação bíblica) é "a Bíblia interpreta-se a si mesma".

Em II Pedro 3:8 lê-se que, "... para o Senhor, um dia é como mil anos, e mil anos, como um dia..." (uma citação do Salmo 90:4). No entanto, esse texto não se refere ao tempo dos dias descritos em Gênesis 1. O texto fala que para o Senhor Deus, o tempo é totalmente relativo. Dois textos somente podem ser comparados para gerar esclarecimento se ambos estiverem dentro do mesmo contexto.

Este não é o caso aqui. Portanto, o texto de II Pedro 3:8 não é base bíblica para dizer que os dias de Gênesis 1, seriam eras ou longos períodos de tempo.

O texto que fala paralelamente dos dias de Gênesis 1 é Êxodo 20:8-11, o quarto mandamento. Nos versos 9-10 lemos: "Seis dias trabalharás e farás toda a tua obra. Mas o sétimo dia é o sábado do SENHOR, teu Deus; não farás nenhum trabalho..." Estes dias são de 24 horas? ou significam milhares de anos? ou períodos de tempo indefinidos?

Nenhuma interpretação ou comentário bíblico sugere que esses dias de Êxodo 20 não sejam períodos literais de 24 horas. Todos concordam que são.

No entanto, todo o argumento do *porque* se deve trabalhar seis dias de 24 horas e descansar um dia de 24 horas baseia-se no verso 11: "*porque*, em seis dias, fez o SENHOR os céus e a terra, o mar e tudo o que neles há e, ao sétimo dia, descansou; por isso, o SENHOR abençoou o dia de sábado e o santificou."

O argumento é simples: Deus definiu o tempo de duração do trabalho e do descanso humano, tornando-se Ele mesmo o padrão.

Os dias foram de 24 horas!

Lembre-se que esse posicionamento não está baseado em evidência científica. Não se pode provar empiricamente que o mundo foi criado pelo Senhor Deus em seis dias literais de 24 horas cada um.

Evolucionismo e Criacionismo Bíblico

Muitos acreditam que pode haver uma maneira de harmonizar a hipótese da evolução com o criacionismo bíblico. Essa tentativa é conhecida como Evolucionismo Teísta.

Para que a harmonização possa existir, os dias de Gênesis não podem ser interpretados como dias de 24 horas. A evolução necessita de muito tempo. Uma semana não seria suficiente. Essa é a primeira questão a ser trabalhada.

A segunda está relacionada com a ordem dos eventos descrita em Gênesis 1. A Terra foi criada antes dos corpos celestes (Sol, Lua, demais planetas, estrelas e galáxias). Plantas teriam surgido antes do Sol e antes da vida animal. A ordem dos eventos é diferente daquela proposta pela evolução. Nesse caso, para que haja uma harmonização, o autor bíblico deveria ser considerado como alguém que equivocou-se ao escrever o texto bíblico.

Uma terceira possibilidade, juntando essas duas primeiras, seria dizer que os capítulos 1 e 2 de Gênesis seriam mitológicos.

Isso seria problemático porque Jesus citou Gênesis 1 e 2 como sendo descritivos e não mitológicos (Mateus 19:4-5; Marcos 10:6). O apóstolo Paulo também usou Gênesis 1 literalmente para a sua argumentação em Atenas (Atos 17:26).

Todo o argumento em Romanos 5:12 (I Coríntios 15:21) sobre a entrada do pecado no mundo e a pecaminosidade humana, baseia-se também na literalidade de Gênesis.

Portanto, se essa interpretação fosse correta, obviamente tanto o Senhor Jesus quanto o apóstolo Paulo estariam totalmente equivocados.

Um Problema Teológico Insolúvel

Embora esses aspectos do evolucionismo teista sejam suficientes para mostrar como ele procura minar a base da salvação proposta nas Escrituras, nada poderia ser mais devastador do que o seu ataque frontal à obra de Cristo.

Se evolução ocorreu, então formas de vida teriam mudado ao longo do tempo. Das mais simples às mais complexas. As que estavam menos adaptadas teriam dado lugar às que estariam melhor adaptadas. Até que finalmente, depois de um longo período de tempo, o ser humano viesse a surgir, buscando racionalmente respostas sobre a sua origem. Nesse lento processo de aprimoramento e adaptação, a vida, sem dúvida, teria experimentado a morte ao longo de toda essa trajetória.

Como explicar a entrada da morte no mundo antes do pecado de Adão?

Paulo afirmou em Romanos 6:23 que "... o salário do pecado é a morte...". Mas se a morte já fazia parte da história, antes do pecado de Adão, **então a morte não poderia ser o salário do pecado.**

E se a morte não for o salário do pecado, o que Cristo veio fazer então? Como está escrito, "Porque convém que ele reine até que haja posto todos os inimigos debaixo dos pés. O último inimigo a ser destruído é a morte." (I Coríntios 15:25-26). Toda a obra de Cristo estará consumada quando a morte for erradicada completamente da criação.

A Igreja e o Criacionismo

Ao estabelecer a Igreja, o Senhor Jesus a preparou para uma função muito específica.

Ele a preparou para ser a coluna e o fundamento da verdade: "para que, se eu tardar, fiques ciente de como se deve proceder na casa de Deus, que é a igreja do Deus vivo, coluna e baluarte da verdade." (I Timóteo 3:15)

Portanto, é função da Igreja estabelecer a verdade nesse mundo e nessa sociedade. Estabelecer a verdade em todas as áreas, até mesmo na Ciência. Fomos deixados aqui com essa função. "As armas com as quais lutamos não são humanas; ao contrário, são poderosas em Deus para destruir fortalezas. Destruimos argumentos e toda pretensão que se levanta contra o conhecimento de Deus, e levamos cativo todo pensamento, para torná-lo obediente a Cristo." (II Coríntios 10:5-6, NVI).

Mas Ele também a preparou para que por meio dela a multiforme sabedoria de Deus se tornasse conhecida: "... e manifestar qual seja a dispensação do mistério, desde os séculos, oculto em Deus, que criou todas as coisas, para que, pela igreja, a multiforme sabedoria de Deus se torne conhecida, agora, dos principados e potestades nos lugares celestiais..." (Efésios 3:8-10).

O evangelho é a boa nova que Deus já iniciou o processo de restauração de todas as coisas. E a Igreja, ao promover essa restauração, baseada nos princípios do próprio Deus, irá refletir ao mundo a sabedoria de Deus.

O Criador de Todas as Coisas

A Bíblia revela Deus, como sendo o Deus Triúno: Pai, Filho e Espírito Santo. E ela nos informa que esse Deus Triuno é o verdadeiro e único Criador de todas as coisas. Não há outro.

As Escrituras nos informam que as Três Pessoas da Trindade participaram da criação. "O Deus que fez o mundo e tudo o que nele existe, sendo ele Senhor do céu e da terra, não habita em santuários feitos por mãos humanas." (Atos 17:24).

Mas as Escrituras nos falam de forma muito clara do relacionamento de uma das Três Pessoas da Trindade com respeito a criação.

"Também disse Deus: Façamos o homem à nossa imagem, conforme a nossa semelhança; tenha ele domínio sobre os peixes do mar, sobre as aves dos céus, sobre os animais domésticos, sobre toda a terra e sobre todos os répteis que rastejam pela terra. Criou Deus, pois, o homem à sua imagem, à imagem de Deus o criou; homem e mulher os criou." (Gênesis 1:26-27).

- **Qual dos Três disse: "Façamos..."?**

"...pois, nele, foram criadas todas as coisas, nos céus e sobre a terra, as visíveis e as invisíveis, sejam tronos, sejam soberanias, quer principados, quer potestades. Tudo foi criado por meio dele e para ele. Ele é antes de todas as coisas. Nele, tudo subsiste." (Colossenses 1:16-17)

"Ele estava no princípio com Deus. Todas as coisas foram feitas por intermédio dele, e, sem ele, nada do que foi feito se fez." (João 1:2-3).

- **Quem é Ele?**

Jesus

"No princípio era o Verbo, e o Verbo estava com Deus, e o Verbo era Deus. E o Verbo se fez carne e habitou entre nós, cheio de graça e de verdade, e vimos a sua glória, glória como do unigênito do Pai."

João 1:1,14

FIEL MINISTÉRIO

O Ministério Fiel tem como propósito servir a Deus através do serviço ao povo de Deus, a Igreja.

Em nosso site, na internet, disponibilizamos centenas de recursos gratuitos, como vídeos de pregações e conferências, artigos, *e-books*, livros em áudio, blog e muito mais.

Oferecemos ao nosso leitor materiais que, cremos, serão de grande proveito para sua edificação, instrução e crescimento espiritual.

Assine também nosso informativo e faça parte da comunidade Fiel. Através do informativo, você terá acesso a vários materiais gratuitos e promoções especiais exclusivos para quem faz parte de nossa comunidade.

Visite nosso website

www.ministeriofiel.com.br

e faça parte da comunidade Fiel

Esta obra foi composta em Goudy Old Style 11,4, e impressa na
Promove Artes Gráficas sobre o papel Apergaminhado 70g/m2,
para Editora Fiel, em Junho de 2024